বাস্তব

স্বপন কর

EditionNEXT
editionNEXT, Kolkata, India
www.editionnext.com

“**Bastab**” :: A Collection of Bengali Poems by Swapan Kar

International(USA) Edition

Cover: Uday Bhattacharyya

First Edition: June 2025

Publisher: Mousumi Bhattacharyya
FD 16/1, Baguiati, Kolkata- 59
Website: editionNEXT.com
Facebook: facebook.com/editionnext
Twitter: twitter.com/editionnext
eMail: Link “Contact Us” in editionNEXT.com

উৎসর্গ

আমার মা ৺লক্ষী রানী করের চরণতলে উৎসর্গ করা হলো।

সূচিপত্র

সূচিপত্র

ধূসর গোধূলি

ধূসর গোধূলি চক্ষু যে মেলি, দেখিতে পাইনা কিছু,
গোধূলি বেলা মলিন হইলো, আঁধার নামিল পিছু।
বেলা গেল চলি অন্তরে বলি, চক্ষু ধাঁধায় কোনে,
আমুডের বেলা ক্ষান্ত হইল, চলি যে এবার রণে।
কত বার সহি কত বার শুনি, পরাজয়ের সেই বার্তা
আজিকে হৃদয় কম্পিত হয়, বার্তা বহের কর্তা।
হে প্রভু কেন বাজাইয়েছো,শঙ্কার সেই ডংঙ্কা,
নিরীহ প্রাণ ভয়ে থোড় থোড়, কি জানি কি আশঙ্কা
গোধূলি বেলায় পূজা পার্বনে, ডাকিছি কতবার
না জানি কোনো ধূসর কালিমা,লাগিবেনা শতবার
শুনি যে কত প্রাণ চলি গেছে, বয়েছে রক্ত ধারা,
যত জনে ডাকি, করি টানা টানি পাইনা কভু সাড়া,
রক্ত দিয়া বাঁচাবো জানি, মোদের মাতৃ ভূমি,
গোধূলি বেলা হৃদয়ে আসুক, ডরিবোনা শুধু আমি।
চক্ষু যদি আবছা দেখে, মেলিয়া ধরিবো চক্ষু,
নিদ্রা দেবী চোখে আসিলে, চাপিয়া ধরিব বক্ষ। আছে দেহে প্রাণ নাই
সংশয় ডরিনা কাহারো তরে,
বাঁচাবো তব ধূসর গোধূলি, হৃদয় যদিও মড়ে

অনুভবে রবীন্দ্রনাথ

আমাদের শিক্ষা আর সংস্কৃতি রবীন্দ্রনাথ ছাড়া কখনোই ভাবতে পারিনা বা ভাবা উচিত নয়। গান, গল্প, কবিতা, নৃত্য ওনাকে ছাড়া ছন্দহীন ময়। হৃদয়ের, ভাবনা চিন্তা, জীবনের, বেঁচে থাকার প্রকৃত লড়াই ওনার চিন্তা ও ভাবনা ছাড়া কিছুই সম্ভবপর নয়। আজ যখন কোথাও দেখতে পাই, সংস্কৃতির নামে অপসংস্কৃতি চলছে, তখন মনে লিপ্ত করে তুলছে। স্বদেশ কে ভুলে গিয়ে, বিদেশী কায়দাকে অনুকরণ করার প্রচেষ্টাকেই বেশী করে মর্যাদা দিচ্ছে। পোশাক, পরিধান, খাওয়া দাওয়া, চলন ঢোলন আদব কায়দা সবকিছুই বিদেশী আদলে চলছে। কিন্তু না, স্বদেশীকতাকে বাঁচাতেই রবীন্দ্রনাথের শিক্ষা, সংস্কৃতি বাদ দিয়ে কোনো কিছুই ভাবা উচিত নয়। আমরা যদি আমাদের সংস্কৃতি ভুলে গিয়ে অপসংস্কৃতিতে নিজেদের গা ভাসিয়ে দেই, তাহলে আমরা আমাদের প্রজন্মকে সুস্থ সমাজ, সুস্থ শিক্ষা সুস্থ সংস্কৃতি কিছুই উপহার দিয়ে যেতে পারবো না। তাই আমাদের হৃদয়ে ও অনুভবে রবীন্দ্রনাথকে পাথেয় করাই চলা বাহুল্য।

আমি গাঁয়ের মেয়ে

আমি গাঁয়ের মেয়ে বটে। কিন্তু লিখা পড়াটাও বাপটা করানছে বটে। দশ ক্লাসটো পাশ হইনছে বটে। বাপটো চাষ কৈরতো কিন্তু নিজের জমিনটা ছিলোনা বইলে ভাগে অন্যের জমিনটা চাষ কৈরতো। তার লাইগা বেশী টাকাটো রোজগার কৈরতে পাইরত না। তাই অভাবটো লাইগাই থাইকতো বটে। বাপটো হঠাৎ তিন দিনের কালা জ্বরে মারা গেলো। আমার ছোট্ট এক ভাই, এক বোন ছিলা। ওরাও তিন ক্লাস আর পাঁচ ক্লাসে লিখা পড়াটা কৈরছিলো। কিন্তু বাপটো মারা গেলো ইখোন ওদের পড়াটা তো বন্ধ হইবেক। কি কৈরবো ভাবতে লাইগলাম। আমাদের গাঁয়ে একটো ছাইলে শহর টাতে কাজটো কৈরতো। আমি তাকে বৈললাম আমাকে তুই কলকাতাটোতে একটা কাজের জোগাড় কইরে দিতে পারবি। সে বইলে তুই একটো মেয়ে ছিলা বটে, তোকে কি কাজ দিবো বলতো। মেইটা বইলে যা হোক শহরে হস্টেলে থাইকা কাজটো কৈরবো। আর গাঁয়ে টাকাটো দিতে পারলে, ভাই, বোনের লিখা পড়াটা তো আর বন্ধ হইবেক না আর মা টারও চিন্তা টো কম হইবেক। ঠিক আনছে, আমি মালিককে বৈলবো তোর একটো কাজটোর ব্যাবস্থা কৈরতে।

আমার লেখনী

আমার লেখনী নির্ভুল নয়, আছে যে শত ভুল, যখনি কেউ ভুলটা ধরে, সরমে লাগেনা এক চুল।
আমি যে কোন লেখক নই, পড়ি না যে কোন বই, যখনি কেউ ভুলটা ধরে, তাদের সন্মানটাযে করবোই বাস্তব নিয়ে লিখি আমি, বাস্তব টাযে দেখি, বাস্তব যে ভাবায় আমায়, বাস্তব থেকে শিখি। কর্ম শূন্য, হৃদয় শূন্য, মানুষ গুলি যে ভাবায়, তাদের কথা লিখতে গিয়ে আপন হৃদয় কাঁদায়। জাতি, ধর্ম, বর্ণ বিদ্বেষ, লিখতে চায় না মন, এসব নিয়ে লিখলে পরে, বলবে কত জন। কবিতা, গল্প পড়ি নাজে, মন যা বলে লিখি, চোখে যা দেখি, কানে যা শুনি সেটাই লিখতে শিখি কবির মতো ভাবতে পারিনা, লিখিনা কবির মতো, আমার মতো আমি লিখে যাই, যে যা বলুক যত। মনের গভীরে কান্না এলে, চোখটা চেপে ধরি, মনটা যখন খুশি লাগে, কলম টা যে ধরি।

ঝরা পাতা

ঝরাপাতা গাছগুলিকে দেখলে লাগে কষ্ট, মনেহয় যেন কংকালসার, এক্কেবারেই নষ্ট। আবার যখন বৈশাখেতে নতুম পাতা গজায়, ঝরাপাতা গাছগুলিজে, নতুন করে ভাবায়। যখন আবার যখন ফুলে, ফলে ভোরে ওঠে তারা, দেখে তখন মধুর লাগে হৃদয় দেয় নাড়া। ঝরাপাতা গাছের মতো, মানব জীবনেও ঘটে, মানুষ যখন অতি অসহায়, চারিদিকে সব রটে। আহা, উহু সবাই করে কেউ থাকেনা পাশে, একাই তখন কষ্টে মরে, চোখের জলে ভাসে। বিধাতা যখন ভাগ্য ফেরায়, চোখে যে তারা টাটায়, সমালোচনা কেউ ছাড়েনা, তখন কত কী ভাবায়। জীবন যখন ঝরাপাতা, হৃদয় খান খান, আসবে

অভাগিনী

অভাগিনী মা যে আমার, কপাল খুবই ভালো, আমার জন্ম হবার পড়ে, বাপটা যে মোলো। অনেক কষ্ট করে মা, আমায় রাখে আগলে, বুঝতে কিছু দেয় না যে মা, বাপটা নেই তা বলে। বাবর বাড়ি কাজ কইরে যে সংসারটা চালায়, দুমুঠো ভাত খাবো বইলে, কষ্টের মালা গলায়। বাবু একদিন বলে মাকে তোমায় রাইখবো খুশী, আমার কথা শোনো যদি, থাইকবে তোমার হাসি। রানীকইরে রাইখবো আমি, আমার সাথে থাক, মা কইলো পারবোনাজে, চুলোয় কাজ যাক। বাবু বলে এতো হংকার করিস না যে তুই, ভাতের যোগান দেইজে তোরে, নিজে আমি মুই। মেয়েরে এসে কয় মা দেখ, বাবু নয়রে ভালো, বাবুর বাড়ি কইরবোনা কাজ, হয় হোক মুখ কালো। মেয়ের তখন যোলো বছর, বলে আমি যাইবো, কাজ না কইরলে দুমুঠো ভাত, কী কইরে খাইবো? বাবুর বাড়ি গিয়ে বলে, আমিই কাজটা কইরবো, মা বইলেছে শরীর খারাপ, আসবেনা আর কাজে, কাইলকা থেইকা কাজ কইরবো আমি একা নিজে। বাবু বইলে ঠিক আছে, তুই কর তাইলে কাজ, আমার কথা শুনিস যেন, করিস যে লাজ। ভালো বাসার কথা বইলে, কইরলো সর্বনাশ, বাড়ি গিয়া বৈললে মাকে, দিলো মা গলায় ফাঁস।

তটিনী

এ যেন প্রকৃতির এক অনাবিল সৃষ্টি। যা অনন্তহীন, দিগন্তহীন। যার কোনো শুরু নাই কোনো শেষ নেই। আবারিত জলধারা প্রবাহমান। যত দূর দৃষ্টি যায় জল আর জল। এ যেন এক মায়াবী প্রকৃতির দান অনন্তকাল প্রবাহমান। দৈত্যকার ঢেউগুলি যেন সর্বত্র গ্রাসমান। প্রতিনিয়ত কিছু গ্রাস করার জন্য যেন আগ্রাসী। কত নিরীহ প্রাণ তার গর্ভে নিমজ্জিত। তার ঢেউগুলি যখন সুমুদ্র তটে ভাঙিয়া পরে মনেহয় যেন কেহ পেজাতুলা ঢালিয়া দিয়াছে। তার এই অপরিমেও সুন্দর্য দেখে বংকিম চন্দ্রর নবকুমার গল্পের একটি লাইন মনে পরে

দুরাদোয়সো চকোক্রনিভোসো, তম্বিতমালতলে বানোরাজলীলা
অভাদিবেলা অবনাম্বুরাসের নিবিধেবো কলঙ্ক রেখা।

অবগুন্ঠন

শিক্ষা আর সংস্কতি একে অপরের পরিপূরক। একটি ভিন্ন করিয়া আর একটি মূল্যহীন। ঠিক যেমন দেব দেবীর বাহন ছাড়া তাহারা যেমন সুদীর্শমান নয়। আমাদের নিজের ও সমাজের উন্নতি সাধন করিতে হইলে শিক্ষা ও সংস্কৃতি লঙ্ঘন করিয়া সভ্য সমাজে বিচরণ করা সম্ভব হইবে না। রাজহংসকে যেমন জল আর দধ একসাথে মিশইয়া দিলে সে জল বাদ দিয়া শুধু দুধটাই ভক্ষন করে, তেমনি সমাজের কলোষিত প্রথা গুলি বাদ দিয়া সমাজ হইতে সুদীর্শমান সকল দিক গ্রহণ করিতে হইবে। সমাজের ঢালে গাঁ ভাসাইয়া দিয়া নিজেকে কলষিত না করিয়া নিজেকে ও সমাজটাকে শিক্ষা আর সংস্কৃতিতে ভরিয়া দিয়া সুস্থ সমাজ গরিবার প্রয়াস চালাইতে হইবে। কপ্রথা আর কদষ্টান্তকে অবগুন্ঠণের মোড়ক হইতে বাহির হইয়া দৃষ্টান্ত মূলক আচার বিধি অনুধাবন করিবার প্রকাশ চালাইয়া যাওয়াটাই বোধহয় আমাদের সকলের শ্রেয়। নতুবা আমরা এই অপসংস্কৃতি মূলক সমাজ হইতে আগামী প্রজন্মকে সুস্থ সমাজ উপহার দিতে পারিব না। তাই সভ্য, সস্থ সমাজ তৈরির কর্ম আমাদের করিবার প্রচেষ্টা সকলের করিতে হইবে।

আমি কবি

আমি নয়তো কবি, আমি শুধু ছবি, দুচার কলম লিখি বলে, লোকে বলে কবি।
নেই যে ভালো শব্দ আমার, নেই যে ভালো ছন্দ, মনের ভিতর ঘোরে ফেরে, আবোল তাবোল ধন্দ।
কবিতা, গল্প, পড়িনাজে, মন যা বলে লিখি, জানি অনেকের ভালো লাগে না লিখতে গিয়ে শিখি ভাষা আমি হারিয়ে ফেলি, ছন্দ পাইনা খুঁজে, তখন যেন মনে হয় চোখের পাতা বোজে।
মনটা আমার বড়ো ব্যাকুল, লাগেনা কিছু ভালো, যা কিছু খুজি, যা কিছু পাই, সবই দেখি কালো।
জল দেখে ছুটে যাই, গিয়ে দেখি বালি, তৃষ্ণা আমার মিটে গেছে, বক্ষ রেখেছি খালি।

অবিচার

আমার ছেলে বড়ো হবে, তাই পিঠে এক বোঝা, বইয়ের ব্যাগটা বড্ডো ভারী, পিঠ হয় না সোজা।
আঁকা শেখো, গানটা শেখো, পারলে শেখো নাচ, কম্পিউটার শিখে রাখো, এই প্রজন্মের ধাচ।
ছোট্টো একটি ছেলের পক্ষে এতগুলি বড়ো কঠিন জোরকরে সব চাপিয়ে দিলে, পারবে কোনো দিন?
না পারলেও পারতে হবে, পিতা, মাতার এই ইচ্ছা, কষ্ট হলেও পারতে হবে, বকুনি, মারের কেচ্ছা।
ও বাড়ির ছেলে মেধাবী বলে, তুমিও হবে মেধাবী, কতো খাতা বই কিনে দিয়েছি, যত হোক টা দামি।
চাকরি একটা বাগাতেই হবে, মারি, অরি, পারি, অনেক টাকার গরম আছে, সেটাও দিতে পারি।
ছেলের শেখার একটু অবিচার নাইবা একটু হলো, লোক বোলবে মা, বাবা, কঠোর, তাতেকি হলো?
বড়ো হয়ে বড়ো চাকরি করবে, করো একটু কষ্ট, একদম যেন ভুলেও করোনা, নিজের সময় নষ্ট
একটু নাহয় অবিচার হলো ক্ষতি আছে কি তাতে?
সাড়া জীবন সুখে থাকবে, কষ্ট হবেনা ভাতে।

শূন্য

শূন্য নিয়ে জন্ম যখন, শূন্য দিয়ে শিখি, শূন্য দিয়ে আঁকি বাঁকি, শূন্য শেখায় ঝুঁকি।
শূন্য থেকে পড়াশোনা, শূন্য থেকে দেখি, শূন্য থেকে ভাবনা চিন্তা, শূন্য শেখায় উঁকি।
শূন্য থেকে ভালোবাসা, শূন্য থেকে যায়, শূন্য থেকে হৃদয় ভাঙা, শূন্য বয়ে যায়।
শূন্য থেকে কর্মজীবন, মধ্যে ভেঙে যায়, মধ্যে থেকে জীবন যুদ্ধ, শুন্যে থেমে যায়।
মধ্য জীবন মধ্য কাটে, শূন্য দেয় ইশারা, শূন্য নিয়েই ঘরে বেড়াই, সব যে দিশা হারা।
শূন্যটাকে ভালোবাসবো, বাঁচবো যত দিন, শূন্য হাতেই চলে যাবো, জীবন যখন ক্ষীণ।

বৃদ্ধাশ্রম

বাবার অনেক স্বপ্ন ছিল ছেলে বড় হলে, দুঃখ কষ্ট যত আছে সবই যাবো ভুলে। অনেক কষ্টে লেখাপড়া করিয়াছি আজ, ভালো একটা চাকরির পেয়েছে যে কাজ।
স্বদেশ থেকে বিদেশ গেলো মনে বড়ো কষ্ট,
তবু তার ভবিষৎ, হয়না যেন নষ্ট। আমি বললাম দেখরে বাবা করতে হবে বিয়ে, তা নাহলে দুমুঠো ভাত কে করবে গিয়ে। ছেলেবলে বিয়ে বাবা, করেছিতো আমি, তোমায় বলা হয়নি বাবা ভুলেছিজে আমি। একবারটি ঘুরে যারে বৌমাকে তো দেখি, সময়পেলে যাববাবা এখন ব্যাস্ত আছি। খাবার কষ্ট বড় বাবা টাকা কিছু পাঠা, তোর জন্য জমি কিনেছি মাত্র দুই কাঠা। টাকা দিতে পারবোনাজে, এখন খরবেশি, চলে যাওতুমি বৃদ্ধাশ্রমে এতেই থাকখুশি। দূর্গা পূজায় আসবি বাবা মনটাযে খারাপ, একবারটি দেখি তোকে দিসনা অভিশাপ। সুখে থাকিস, ভালো থাকিস যেখানেই থাক, বৃদ্ধাশ্রমএই আছি আমি মন দিয়ে কর কাজ।

বীর তিলক

স্বরচিত কবিতা :- বীর তিলক

দাম্ভীকতা আর ঈর্ষা, শুনেছি শতবার, সহিতে আর পারি নাজে, লুটিব অহংকার। ভারতমাতা কত শুনিবে,অহংকারের বার্তা, এবারে বুঝি সময় হয়েছে,বীরত্বেরই বার্তা। নাজানি কত নিরীহ প্রাণ, হবেজে বলিদান তবুও যেন ব্যার্থ হয়না,ভারতমাতার প্রাণ যাইবো তবে রণক্ষেত্রে,হোক হৃদয়ব্যাথিত, পিতামাতা, পুত্রকন্যা ত্যাজিব মম চিত্ত। যাইবারকালে ললাটে নিবো,মাতৃ চুম্বন, পিছনে চাহিয়া দেখিবনাজে অশ্রুবিসর্জন। ফিরিবো আর ফিরিবো কিনা সবই নিয়তি, যাইবো তব রণক্ষেত্রে, থামিবে নাজে গতি । দেশমাতৃকে বাঁচাইতে প্রাণ দিবো বলিদান, বক্ষ দিয়া রক্ত ঝরুক,দিব আত্মবলিদান। শত্রু ধ্বংস করিতে হইবে, এটাই আছে পন প্রাণ চলিগেলে ডরিবোনা, এই করেছি মন যদি বাঁচি ফিরি দেশে, লাগিবে সবে ঝলক বিজয়ের পরে পরিব, আমিযে বীরতিলক।

মধ্যবিত্ত

মধ্যবিত্তের স্বপ্নগুলি সকল সময় বড়ো,
হয়না তাদের আশাপূরণ এই সমাজের কারো, অনেক কষ্টে রোজগারে চলছে তাদের জীবন,
নিজের যতই কষ্টহোক সন্তান রাখি সুখে, পারিনাজে একটি কথাও বলতেনিজ মুখে । আকাশ ছোবার স্বপ্নদেখি পাইনা সেটা ছুতে, পাতালে যাবার চেষ্টাকরি জল হবে শুকুতে। ছোটো সুতো যত টানি বাড়েনাজে সেটা পরিশ্রমটা যত করি হয়না টাকা মোটা । ছেলে মেয়েদের কষ্ট করে পড়িয়েছ অনেকটা,
মোটা অংকের টাকা নাথাকলে পাবেনা ভালো চাকুরীটা। অনেকটাকা না থাকলে মেয়ের বিয়েটা যাবে আটকে, যতই ছেলের থাকনা টাকা দিতে হবে ভালো যৌতুকটা। তাইতো বলি মধ্যবিত্ত শব্দটা আর লাগেনা ভালো, হও রাস্তার ভিখারিটা না হও রতন টাটা।

শীতের ছোঁয়া

একটুখানি শীতের ছোঁয়া সবার হৃদয় ভরে, মনে হয় যে একছুটেটে যাই চলে পাহাড়ে। ঘুম ভেঙে যায় তবুও যেন চাঁদর ছাড়েনা মোড়ে, হালকা শীতের আলতো ছোঁয়া রোদটি পড়ে ঘরে। উড়ো উড়ো মনটা ছুটে যায় চলে পাহাড়ে, মনে হয় যেন হৃদয়টাযে, যায় নদীর কীনারে। স্মৃতি যখন জড়িয়ে ধরে নয়ন মুদে আসে, বিস্মৃতিটা বড্ডো খারাপ নয়ন জলে ভাসে। ফেলে আসা দিনগুলি যেন নতুন করে ভাবায়, স্মৃতিগুলি বড়োই মধুর, বিস্মৃতি যে ডরায়। স্বপ্ন দেখতে কে না চায় যদি হয় যদি তা মধুর, মনটা যখন খারাপ লাগে, চাই যে যেতে সুদূর। শীতের একটু মিষ্টি ছোঁয়া হাত রাখি তার হাতে, মনেহয় যেন সারা জীবন এই ভাবে পারি রাখতে। সুখটা সবাই চাইযে মোরা শান্তিটা যাই ভুলে, দুনিয়া ছেড়ে যাবো যেদিন, দুটোই যাবে চলে।

বহুরূপী

বহুরূপী মানুষ গুলি চেনা বড়ো দায়,ঝলমলে সব পোশাক পড়ে বুঝবো কিরে হায় ।
ধোঁকা দেওয়া মানুষ গুলির, মনে দেয়না সাড়া, আসলে ওই মানুষগুলি শাইলোকরো বারা । লোক ঠকানো মানুষগুলির, মুখে ভরা মিষ্টি, গরিব ঠকানো কাজ করবে, এই বলেই কি সৃষ্টি। কষ্ট দিলে কষ্ট পাবে, বোঝেকি তারা কখন, নিজেই কষ্টপাবে, বুঝবে তারা তখন।
বড়ো একটা চাকরি দেবে, স্বপ্ন দেখায় তারা, বেকার মানুষ পিছন ছোটে, স্বপ্ন দেখায় যারা ভালোবাসা দেবার জন্য স্বপ্ন দেখায় যারা, একবারকি হয়না মনে, ভুল করছে তারা মানুষের প্রতি ভালোবাসা নিয়ে করছে যারা খেলা, একদিন তারা বুঝতে পারবে নিয়তি করেছে হেলা। বিবেকানন্দ বলেছিলেন,জীবের প্রেম ঈশ্বর প্রেম, মানুষের প্রতি প্রেম করলে, ঈশ্বর হবে প্রেম।

অভিমান

আমার খোকা কয়না কথা,বড্ডো খিদে পেলে, মায়ের দেওয়া ভাতটা পেলে তখন কথা বলে। মা বলে কিরে খোকা, খাসনি কেনো ভাত, চুপটি করে বসে থাকে, গালে দিয়ে হাত। একটুখানি বকলেপড়ে, হয় যে অভিমান, পিঠে গায়ে হাত বোলালে, ভাঙবে তখন মান কোনো কিছু লাগলে পড়ে, বোলবে বার বার, যতখননা পাবে সেটা, চলবে যে আবদার। একটি বায়না পূরণ হলে, আরেকটি করে হাজির, দেবোনা কথা বললে পড়ে,তার অভিমান নোজির। লেখাপড়াতে ভালোই খোকা, বুদ্ধি একটু কম, বুদ্ধি দিয়ে বায়না করে, বাবা হলো তার যম। বাবা যতই রাগ করে তাকে, অনেক ভালো বাসে, খোকা যখন বুঝতে পারে,বাবার কাছেই আসে। বাবা ভাবে আমার খোকা,একটু অভিমানি বাবা শুধু বাবাই হয়, এটাই আমি জানি।

লালসা

লালসা একটি সংজ্ঞা মাত্র, নেই কোনো প্রতিকার, লালসা শুধু নিজের স্বস্তি, ভাবে এটা অধিকার। টাকার লালসা বড্ডো খারাপ,পারি যতনামি নিচে, কামের লালসা ব্যধির মতো,মান চলেযাক ভিজে। অমুকের আছে পাঁচতলা বাড়ি, আছে একটি গাড়ি, আমারো চাই সেই বাড়িটা,লালসাটা যে ভারি এই লালসায় কতো নর নারী, প্রাণ দেয় বলিদান, এই লালসার দুষ্ট লোকের, নেই কোনো অভিধান। লালসা শুধু গাড়ি, বাড়ি, নারী এখানেই নয় শেষ, লালসা হলো ছিনিয়ে নেবার, মতলব করি পেশা। যেভাবেই হোক ছিনিয়ে নেবো,যাক মান সব চলে, যেটা চাই, যদি সেটা পাই, সব কিছু যাবো ভুলে নষ্টামী আর ভষ্টামী করি, শুনবোনা কারো বারণ, লালসাটাকে পরণ করবো, এটাই শুধু কারণ।

প্রতিবিম্ব

ভবঘুরে থাকতে চাইনা, চাইযে একটা কাজ, দোরে দোরে ঘুরে বেড়াই কেউ দেয় না কাজ। সু শিক্ষাটা অল্প পেলেও, কু শিক্ষাটার অভাব, যেখানেই যাই, সেখানেই শুনি কাজ না পাবার জবাব।
সত্যের কি ভাত হবে না, এটাই শুধু বলি, সণ্ডামি আর ভণ্ডামিটা, পারবো না যে বলি। সততা, সত্য, নিষ্ঠা নিয়ে চলবো সাড়া জীবন, তাতে যদি মৃত্যু হয়, করবো মৃত্যু বরণ অন্যায়ের প্রতিবাদটা, করবো জীবন ভোরে, যতই আসুক বাঁধা বিঘ্ন, কখনো যাবোনা সরে। সততা আর সত্যের জয়, একদিন তো হবেই, মাথা উঁচু করে চলতে হবে, বাঁচবে জীবন তবেই। অন্যায়ের কাছে নত হবো না, এটাই প্ৰতিজ্ঞা, শুনবোনাজে কোনো ভ্রষ্টামী, শুনবোনা অবজ্ঞা। যতই করুক তাচ্ছিল্ল, ভয় পাবোনা নাজে আমি, ন্যায়ের পথটা ধরতে জানি, হারবোনা যে আমি ।

আসল নকল

কোনটা আসল কোনটা নকল, বুঝিনাজে ভাই, জমকালো সব পোশাক পড়ে, বুঝিনাজে তাই। মুখে সদা হাসি দেখি, কার হৃদয়ে গরল, যখন তাকে বন্ধ ভাবি, সব যে দেখি সরলা যখন তাকে বন্ধ ভাবি, সবই ভাবি সাদা বন্ধু যখন শত্রু বোঝায়, তখন শুধুই কাঁদা । মানুষ চেনার অভিধান, পাইনি খুঁজে আজ, আসল নকন বুঝতে গিয়ে কপালে পড়লো ভাজ। মুখে মধুর বাক্য শুনি, সদা হাস্য মুখে, চিত্তে তাহার গরল ভাসে, থাকেই সদা সুখে আসল নকল চিনতে চিনতে বয়েসটা হলো অনেক,
কোমল হৃদয়ে কোমল ভাবনা মনটা এখনো সাবেক

যাযাবর

সার্কাস আর যাত্রা দেখি, এরা যাযাবর,
আজকে হেথা কালকে হোথা নেই যে কোন স্থিতি । নেই যে কোন সঠিক জায়গা শুধুই স্থানান্তর, এই নিয়মেই ঘুরে বেড়ায়, এটাই পরিস্থিতি।
পায়ের নিচের মাটি যদি, হয়না মোটে শক্ত,
ভবঘুরে ঘুরে বেড়াই, নেই যে কোন দিশা। নাম করা কাজ করতে পারলে, জোটে অনেক ভক্ত সঠিক পথের দিশা খোঁজে, এটাই থাকে নেশা। মানুষ যখন যাযাবর কেউ থাকে না পাশে, বড়ো বড়ো ডিগ্রি নিয়ে ঘুরছে দ্বারে দ্বারে। বড়োলোক আর বড়ো মানুষ মুচকি মুকি হাসে, যোগ্য তমের কাজ মেলেনা, শুধুই ঘুরে মরে । আজকে একাজ কালকে সেকাজ পায়না পরিতৃপ্তি ডিগ্রি গুলি জলে দিয়ে, ফেলোনা চোখের জল। এই জগতে পাবেযে তুমি, ভগ্ন পরিস্থিতি, মনেকরো যা শিক্ষা করেছো, সবই রসাতল।

চোরাবালি

জীবনের শুরু থেকে আজ পর্যন্ত শুধু চোরাবালির উপর থেকে হেটে চলেছি। কেন? তার কারণ যখন খুঁজে পেলাম তখন পা দুটো আর বেশী দূর এগোনোর ক্ষমতা হারিয়েছে। আর একটু জোরে হাঁটতে গেলে হাঁটু গেড়ে বসে যেতে হবে। শব্দ হলো
দুটো একটা হলো বিশ্বাস আরেকটা হলো সততা। এই দুটো শব্দই আমাকে বারবার চোরাবালিতে নিয়ে গেছে। দুপা এগিয়েছিতো আবার চোরা বালিতে পা ঢুকে গেছে। সত্যের ভীত যে এতো নড়বড়ে আর বিশ্বাস শব্দটা যে বহুদিন আগে মুছে গেছে, সেটা বুঝতে অনেকটা দেরি হয়ে গেলো।
যখন মান, সন্মান, অর্থ, যশ, স্নেহ, মায়া, মমতা সব ধূলোয় মিশে গেছে ঠিক তখনই বুঝতে পারলাম যে আমার জীবনের চার ভাগের তিন ভাগি চোরা বালিতে ঢুকে গেছে। তাই সত্য আর বিশ্বাস শব্দ দুটি যদি জীবন থেকে অনেক দূরে
সরিয়ে দিতে পারতাম, তাহলে মনে হয়। জীবনের এই তিনভাগ এ ভাবে চোরাবালিতে চলেযেতোনা।

লৌকিকতা

লৌকিকতা আজকের দিনে বড়ো একটা অঙ্ক, লৌকিকতা না, রাখলে সম্পর্কতা যে ভঙ্গ নিমন্ত্রণটা পড়লে পরে, মনটা যে হয় খুশি, পকেটে টাকা কম থাকলে মলিন যে হয় হাসি । কিছুতো একটা দিতেই হবে, মান রাখতে হবে, ধার করে নয় চালিয়ে দেবো, পরে যা হয় হবে। কোথাও আবার কার্ডে লেখা লৌকিকতা বর্জনীয়, ছোটো জিনিস অনেক আছে,দামি হলে স্বরণীয়। ভুঁড়ি ভুঁড়ি টাকা যাদের দেবে যে অলংকার, লোক জানবে বড়োলোক আমি, এটাই অহংকার। অল্প টাকার কাজকরে যে, কোথায় পাবে সোনা, কম দামের শাড়ি দেবো যে, মানত তো থাকবেনা। তাইতো বলি গরিবের জীবন শাখের করাত, আসতে কাটে, যেতে কাটে, এই কপালের বরাত।

বিধিলিপি

বিধিরলিপি কে খণ্ডিবে কার আছে এতো সাধ্য,
কপালে যা লেখা আছে মানতে মোরা বাধ্য। একটি মেয়ের গল্প বলি শোনো তবে বলি,
গরিব ঘরে জন্মে ছিল, সেই দুকথা বলি। কষ্ট করে পড়া লেখা করেছে সে ভালো, বিধাতা তার গায়ের রংটা করেছিল কালো ।
অনেক ছেলে দেখে বলে, মেয়েতো বেশ ভালো, পছন্দটা হলেও বলে, গায়ের রংটা কালো। অবশেষে অনেক পড়ে হলো যে তার বিয়ে, ছেলের একটা চাকরি ছিল, গেলো বিদেশ নিয়ে। অনেক দূরে বিয়ে বলে বাপের মনটা খারাপ, তবুও সবাই, করছে দেখি, মেয়ের বিয়ের আলাপ খবর শুনি মেয়ে আমার, আছে বড়োই ভালো, আমি বলি দেখমা তুই, করবি যে ঘর আলো । বিধির লেখায় সুখ সইলোনা, আমার মেয়ের ঘরে, দুসংবাদ এলো কানে, জামাই গেলো মরে। গাড়ির চালক ধাক্কা মেরে,শুয়ে দিয়েছিল নিচে, আরেকটি গাড়ি জোরে এসে দিয়েগিয়েছিল পিষে ।
তারপর সে বিধবা হয়ে ফিরলো এসে ঘরে, বিধি লিপি লিখে গেছে,এই কষ্ট মোড়ে।

মূল্যবোধ

মূল্যবোধ আজ মূল্যহীন, নেইযে কোনো মূল্য, শিক্ষার কোনমূল্য নেই, অশিক্ষিতরাই অমূল্য। অজ্ঞতারাই গণ্য সমাজে, অর্থের দেয় মূল্য, জ্ঞান না থাকলে কিহবে, তাদেরই সমাজে মূল্য। সমাজটা যেখানে মূল্য হীন, মূল্য দেবে কে? শিক্ষা আর সংস্কৃতি ধুলোয় মিশিয়ে দে। সংস্কৃতির নামে অপসংস্কৃতি চলছে রমরমিয়ে, সাংস্কৃতিক মঞ্চে চলেনা, কথ্যক, ভারতনাট্যম নৃত্য, মঞ্চ মেতেছে হিন্দিগান আর,হিন্দিগানের নৃত্য। মান্নাদে আর হেমন্তর গান শুনতে চায়না কেউ, ব্যান্ডের গান যে যা করে, তাইশুনে করে ভেউ ভেউ। সম্মান কি তা ভুলেই গেছে লজ্জা লাগে তার, বড়দেরকে সম্মান করবো, কিসের লাজ আমার। নারীদেরকে সম্মান করবো, কিআছে এতো লজ্জা, সমাজটাকে কিনে নিয়েছি, টাকার পেতেছি শয্যা।

নিস্তব্দতা

নীরবতা আর নিস্তব্দতা যেন একে অপরের সঙ্গী। একটি বাদদিয়া যেন আরেকটি প্রাণহীন। মানুষ যখন সর্বোস্য হারাইয়া, সুখ, শান্তি, ভালোবাসা সবকিছু খইয়া বিমূর্স চিত্তে ঘনীভূত হয়, তখন নিজেকে খুব একাকিত্ব মনে হয়। তখন যেন প্রয়োজন হয় একটু নিস্তব্দতা আর নীরবতা। অবগুণ্ঠন খুলিয়া চক্ষু মেলিয়া শুন্যে চাহিয়া ভাবিতে লাগে, সারা জীবনে কি চাহিলাম, আর কি পাইলাম, কতখানি জিতিলাম আর কতখানি হারিলাম। পশ্চাতের সুখকর মুহূর্ত গুলির পাতাগুলি উল্টাইয়া দেখিবার অবকাশ খুঁজিলাম। যাহা পাইনাই তাহা আর কোনোদিন ফিরিয়া পাইবোনা। আস্ফালন করিয়া কোনো লাভ হইবেনা। বরং বর্তমানের শুস্ক প্রাণহীন সমাজের সাথে নিজেকে বিলাইয়া দিয়া হৃদয়কে নূতন ভাবে সাজিবার চেষ্টা করাই বোধহয় শ্রেয়। তাই আজ সকল কালিমা লিপ্ত স্মৃতি জলে ভাষাইয়া দিয়া জীবনের বাকি দিনগুলি অনুধাবন করিবার চেষ্টা করি।

কিন্নার

জন্মে ছিলাম কিন্নার হয়ে, জানিয়ে ছিলো কি পাপ, সারাটা জীবন বয়ে চলেছি, জীবনের এই অনুতাপ একটু যখন বড়ো হলাম, বুঝলাম আমি কিন্নার মা আমাকে জোর কোরেজে, করলো স্থানান্তর। জন্মে ছিলাম মায়ের গর্ভে, তবে কেনো এতো নিষ্ঠুর সমাজের কথা ভেবেই শুধু, হতে হলো কি কঠোর? বুকে বেদনা চোখে জল নিয়ে,চলে গেলাম আমি, যেখানে সব কিন্নর থাকে, আজ তাদের মধ্যেআমি চোখে অনেক স্বপ্ন ছিলো, ধূলোয় মিশেছে আজ, ট্রেনে, বাসে হাত পেতে চলি, এটাই এখন কাজ। অবজ্ঞা আর লোকের ঘৃণা, সহ্য হয় না আর, আমিযে এখন পথের ধুলো, কু দৃষ্টিটা সবার আর পাঁচটা মেয়ের মতো, আমারো কত ইচ্ছা, আর চোখে তাকিয়ে চোখে, কতকি বলে কেচ্ছা। বিধাতার কাছে তাইতো বলি,কেউ না হয় কিন্নার আমার মতো হতো ভাগ্য, কেউ না হয় ঘৃণার।

আশা

বয়স যখন বারো, মা শুধালেন বলতো বাছা বাবা
কেমন তরো,
ছেলে বললো জানিনেমা, জানবো কেমনকরে, জ্ঞানটা যখন হলো আমার, বাবা অনেক দূরে। মনে অনেক আশা ছিলো অনেক বড়ো হবো, একটা ভালো চাকরি করে, শান্তি সুখে রবো বাবার আদর পাইনি মাগো, বাবা হয় কেমন, মা বললেন আর পাঁচটা বাবা যেমন তিনিওতো তেমন। তবে কেনো আমার বাবা, রয়না মোদের কাছে? আমরা কিমা খারাপ মানুষ, সেই ভয় কি পাছে। রবি, কবি বাবার কাছে, পাই যে কত আদর, আমি শুধু পাই না আদর, মুখে দিয়ে থাকি চাঁদর। হলো না সব আশা পূরণ, হবে কেমন করে, গরিব শুধু কষ্টে থাকে, অভাবেতেই মরে।

ফাগুন হাওয়া

ফাগুন হাওয়া গায়ে লাগিছে, হৃদয় মম ব্যাকুল, পলাশ কাননে পলাশ ঝরিছে, চিত্তখানি আকুল। বসন্ত খানি হাত ছানি দেয়, দে দোল দুলিছে শিরে, আনমনা মন চিত্ত চঞ্চল, বসন্ত আসিছে নীড়ে। প্রিয়তমা যদি নিকটে আসে, রাখিব বক্ষ জুড়ে, আবিরের রঙে রঙিয়া দিবো, দেখিব চক্ষু ভোরে। ফাগুনের হাওয়ায় মাতিয়া ছুটিব হৃদয় উচ্চলিত, মানবোনা বাঁধা, থামবেনা গতি দিগন্ত উদ্ভাসিত। রঙিন হইবে মুখখানি তার, প্রেমের জোয়ারে ভেসে, না বলা কথা, অনেক বলিব, অনেক হাসা হেসে। হাত দুখানি মেলিয়া ধরিব প্রিয়তমার দিকে চাহি, বুঝি সে আমার হাত ধরিবে মাখিব স্পর্শ খানি। ফাগুনের বসন্তের পাই যেন মোরা ঠাই,
ফিরাইয়া দিওনা প্রভু, যেন পদ স্পর্শ পাই ।

অবসন্নতা

সংসার জীবন আর কর্ম জীবন, এই অংক দুটিকে মেলাতে মেলাতে জীবনের অংকটাকে মেলাতে গিয়ে, জীবনের অনেকটা পথ চলতে চলতে একটা সময় কর্ম জীবনের গতি থেমে গেলো। কিন্তু? না এখনো অনেকটা পথ বেঁচে থাকার লড়াইয়ে চলতে হবে। ছেলে মেয়ের লেখা পড়াশোনা, তাদের জীবনের চাহিদা মেটানো, তাদের জীবনে প্রতিষ্ঠিত করে তোলা, বৈবাহিক সম্পর্কে লিপ্ত করা, অনেক দায়িত্ব পালন করা এখনো বাকি আছে। থেমে গেলে হবেনা, থামতে চাইলেও, দায়িত্ব, কর্তব্য আমাকেতো ছেড়ে দেবে না? এই কারণে আমাকে বেঁচে থাকেই হবে। কিন্তু এই সব কিছু সবার মনের মতো করতে করতে একটা সময় জীবনের বয়সে না হলেও, মনের গভীরে এক অবসন্নতা ঘিরে ধরে। তখন না টেলিভশন, না খবরের কাগজ, না চায়ের আড্ডা, কোন কিছুই যেন আর ভালো লাগেনা । সব কিছু মিলে মিশে অবসন্নতার শিকার হওয়া ছাড়া আর কোন পথ সামনে খোলা রইলো না। একান্তে বসে ভাবি, সারাজীবনে কি চাইলাম আর কি পাইলাম, সংসার আর কর্ম জীবনে, মিথ্যাবাদী, ব্যাভিচার, অপসংস্কৃতি, লাঞ্ছনা, ভৎসনা গঞ্জনা এই সব সইতে হয়েছে।

তারুণ্যের অভিব্যাক্তি

বয়েসটা যতই হোক না কেনো, মনটা রাখবে তরুণ, রোগ,ব্যাধিটা যতই থাকুক, রাখবেনা বেশি স্মরণ। শিশুদের সাথে খেলা করবে, রাখবে শিশুর মন, মনটাকে যত সবুজ রাখবে, দেখবে সব নতুন। এলো মেলো সব দীর্শগুলি রাখবে না যে মনে, বেনিয়মের, নিয়মগুলি, বোলবে না প্রতিজনে। কানে যে কথা শুনবে তুমি, রাখবেনা যে কানে, মনের গভীরে যে কথা থাকবে, রাখবে মন কাননে। চোখে যে গুলি দেখবে সাদা, নয়তো সেগুলি সাদা, সাদার অনুভূতিটা কালো হলে, নিজেই তখন কাঁদা তরুনের মতো মনটা রাখবে, দেখবে সবই তরুণ, বয়েসের ভার মাথায় নিলে, থাকবেনা কিছু স্মরণ। তাই মনটাকে যদি সবুজ ভাবো, দেখবে সবই সবুজ মনটাকে যদি কালো ভেবে দেখো, তাহলেতো তুমি অবুজ।

আমি ঝোড়ো হাওয়া

আমি কখনো বা অতি শান্ত, আবার কখনো বা অতি রাগান্বিত। আমি, অতি গরমে মানুষ যখন হাঁসফাস করে, তখন আমার হালকা হিমেল ঝোড়ো হাওয়াতে মানুষ স্বস্তির নিঃস্বাস ফেলে। কিন্তু না! আবার যখন অগভীর সমুদ্রে দীর্ঘ নিম্নচাপের সৃষ্টি হয়, তখন আমি আর শান্ত থাকতে পারিনা। আমাকে সমুদ্র শান্ত থাকতে দেয় না। আমি তখন রুদ্র মূর্তি ধারণ করতে বাধ্য হই। আমি তখন প্রচন্ড গতিতে আমার ঝোড়ো হাওয়া প্রবাহিত করি। এই ঝড়ে তখন সব জনজীবন বিচ্ছিন্ন করে ফেলি। বাড়ি, ঘর, গাছপালা ভেঙে তছনছ করে ফেলি। কত মানুষ হয়ে পড়ে গৃহহীন, কত মানুষের মৃত্যু মিছিল নীরবে আমাকে সহ্য করতে হয়। কালবৈশাখী ঝড়েও আমি সবকিছু নিঃশেষ করে দিতে পারি। আমি মন থেকে না চাইলেও এগুলি আমাকে করতেই হবে। আমিযে অনাবিল সৃষ্টি, আমিযে এই পার্থিব প্রকৃতিরই দান। তাই মানুষের অগ্নিগর্ভ গরমে যেমন আমার ঝোড়ো হাওয়াতে শান্ত করতে পারি, আবার সমুদ্রের ফোঁস ফোঁসনিতে সব কিছু এলো মেলো করে দিতেও আমার জুড়ি মেলা ভার। আমাকে যেমন মন চাইলে কেউ সৃষ্টি করতে পারবেনা, আবার আমাকে ধমকে শান্ত করার ক্ষমতাও কারোর নেই।

স্বপ্ন

স্বপ্ন দেখি নূতন কিছু, স্বপ্নে নূতন বাড়ি, স্বপ্ন দেখি নুতন গাড়ি, দিচ্ছি আকাশ পাড়ি । স্বপ্ন দেখি নূতন আলো, স্বপ্নে সবই ভালো, স্বপ্ন যেন সত্যি হয়, হয়না যেন কালো । হঠাৎ করে ঘুম ভেঙে যায়,চমকে উঠি আমি, তাকিয়ে দেখি যা দেখেছি সব কিছু যে ফাঁকি মাটির ঘরে শুয়ে আছি, চাঁদটা পড়ে চোখে, ছাদের ঘরটা স্বপ্নে ছিলো, চোখটা শুধু খোঁজে। স্বপ্নে দেখি মোটর গাড়ি, ভাঙা সাইকেলটা যে চড়ি, চোখ দুটোকে মুছে নিয়ে, দিচ্ছি গড়া গড়ি। স্বপ্ন শুধু স্বপ্নই হয়,হয়না কখনো সত্যি,
স্বপ্ন দেখতে চাইনা যে আর, হয় যে মনে অস্বস্তি।
স্বপ্ন যারা ভালো বাসো স্বপ্ন দেখো জেগে,
স্বপ্ন গুলি পরণ হবে, যাবে না আর ভেঙে। সততা আর নিষ্ঠা দিয়ে, করবে পরিশ্রম,
হাজার লোকে বোলবে তোমায়, সততা আজ ভ্রম । তবুও তুমি থামবে নাজে, চেষ্টা করো মনে,
সত্যের জয় হলে পড়ে, বোলবে জনে জনে। মাথা উঁচু করে বাঁচতে হবে, এটাই মনে রেখো, সত্যি কথা বলছি আমি, একটু ভেবে দেখো?

বয়েসের অভিব্যাক্তি

পঁচিশ বছরে কর্ম যুদ্ধ, এ বয়সে বিয়ের টান, পঁচিশ বছরে সঠিক ভাবনা,চিন্তার রশি টান। ত্রিশ বছরে প্রতিষ্ঠিত, সংসারে দাও মন এই বয়েসে টাকা গোছানোর করতে হবে প্ল্যান। চল্লিশেতে, নায়নীতি বোধ, দায়িত্ব গেছে বেড়ে, দুইদিকের সারাশি চাপে, যাচ্ছে মাথা ঘুরে। পয়তালিশে ভাবতে হবে, কোনটা ভাববো আগে, ছেলের চাকরি, না, মেয়ের বিয়ে কপালে ভাজলাগে মেয়ের বিয়েটা আগে দেবো পরে যা হয় হবে, সময়ের চাকা ঘুরলে পরে, তখন চাকরি পাবে। পঞ্চাশটা পা দিতেই, রোগ, ব্যাধিতে ধরে, ছেলেটাযে বেকার রইলো, কখন যে কি করে। পঞ্চান্নতে দাদু হলাম, দিদা হলো উনি, ছেলে একটা কাজ পেয়েছে, এই কথাটা শুনি। ষাটের ঘরে পা দিতেই, পা না যেন সরে,
দুটো পা যেন এক হয়ে যায়, মন না কিছুতে ভোরে। পয়সাট্টিতে পা দিয়েছি, এবার উপরে তোলো,
পুতুল নাচের পতুলের মতো সবার উপরে তোলো।

আনমনামন

আনমনামন খুঁজিয়া মরে, মনের পরিতৃপ্তি, ভগ্নমনা, ভগ্নহৃদয় পায়না কিছুতে স্বস্তি। চিত্ত আকুল চিত্ত ব্যাকুল ঘুরছি ভবঘুরে, হৃদয়টাযে শূন্য আমার যায় যে চলে উড়ে। সুখটা খুজি, শান্তি খুজি সব লাগে ধোঁয়াশা, মনের মধ্যে ঘুরে ফিরে, সব দেখি কুয়াশা। মনটা আমার বোঝেনাজে, কোথায় আছে সুখ, সুখের ভিতর অসুখ যে পাই, তখন লাগে দুখ কবিতা লিখি, গল্প লিখি, গান করি আনমনে, চক্ষু হৃদয় ভরেনাজে, আপন মনের কোনে। যেটা চাই সেটা পাইনাজে, যেটা পাই সেটা চাইনা, যেটা পাই, সেটা চাইনা, মন তো বোঝে না মানুষ জন্ম আর চাহিনা, এতে বড়ো কষ্ট, পশু, পাখির জন্ম নেবো হয় হোক বুদ্ধি ভ্রষ্ট।

শিক্ষকতার পতন

শিক্ষকতা খোয়া গেছে, করবো এখন কি? মরণ ছাড়া সামনে রাস্তা খোলা আছে কি? অনেক কষ্টে পড়া করে, পেয়ে ছিলাম চাকরি, মা বাবার সুখের জন্য, খুব ছিলো দরকারি। পরীক্ষাতে পাশ করেছি, তাই জুটে ছিলো চচাকরি, ঘুষ দিয়েতো পাইনি চাকরি, তবে কেনো বাভিচারি। ছেলে মেয়ের অন্য দিতাম, মা বাবার চিকিৎসা, ছেলে মেয়ে হবে অন্য হারা, ওষুধ পাবেনা বাবা, মা চোখের জলে ভাসবে নয়ন, সহ্য হবে না আমার, বিষের শিশি হাতে নেবো, মৃত্যু হবে আমার । আসল নকল হয়নি বিচার, আসল গেল মরে,
নকলরা সব তুলসী পাতা, আসল গুলি ঝড়ে সঠিক হিসেব করলে পরে, বাঁচবে সবার প্রাণ, সঠিক বিচার পেলে পরে, সব কিছু হবে ম্লান ।

পড়ন্ত রৌদ্র

পড়ন্ত রৌদ্রের বিকেলটাযে, অনেক কিছু ভাবায়, স্বপ্ন দেখায়, স্বপ্ন শেখায়,
স্মৃতি গুলি যে কাঁদায়। কত রঙিন স্বপ্ন ছিলো, হয়নি সেতা পরণ,
কত ভাবনা, কত চিন্তা পড়ছে মনে স্মরণ।
পেতাম রঙিন দিনগুলি যদি, নতুন করে ভাবতাম, স্মৃতি গুলি যে মধুর
ছিলো, আগে যদি তা জানতাম আপসোস করে লাভ নেইতো, পাবো
কিতা ফিরে? ভাবতে গেলে কষ্ট পাবো, বসে আছি একা নীড়ে কত
হতাশা কত নিরাশা, জমিয়ে রেখেছি বুকে, কত নাপাওয়া কত নাচাওয়া
হৃদয় মরেছে শোকে। জীবনের পড়ন্ত রৌদ্র, অনেক নেমেছে নিচে,
আর বেশী স্মৃতি চাইনা ভাবতে অশ্রুতেগেছে ভিজে পড়ন্ত রৌদ্রে বেলা
শেষ হলো, রাত্রি এসেছে কাছে, ভয়নেই আর চলে যেতে হবে, ডাকবেনা
কেউ পাছে নাট্য মঞ্চে অনেক নাটক, করিয়ে নিয়েছো তুমি, পর্দার
পিছনের অভিনেতা আমি, সেদিন বুঝিনি আমি।
তাইতো অনেক অভিনয় হলো, এবার পর্দা ফেলো,

অপরাহ্নের বিকেল

অপরাহ্নের বিকেলটা ছিল যে সেদিন মধুর, বাসের জন্য দাঁড়িয়ে ছিলাম মোহিনীটি ছিল সুদূর। মুখটা ফিরে তাকিয়ে দেখি দাঁড়িয়ে আছে সে পাশে চোখের দিকে তাকিয়ে দেখি চোখ দুটি যেন হাসে। অনেক কিছু বলতে সে চায় লাজুক ছিল মুখ, প্রথম দেখায় হৃদয় আমার ভাবিয়ে তুলেছে সুখ। অপরাহ্নের সূর্যের আলোয় মুখ ছিল তার লাল, বলতে গিয়েও বলতে পারেনি চোখ হয়েছিল লাল। অবশেষে বাসটা এলে উঠে পড়লাম দুজন, পাশাপাশি একই সিটে নেইতো পাশে কুঁজন? আমায় পেয়ে মুচকি হাসে যেন বলতে কিছু চায়, আমিও কিছু বলতে চাই মনটা ভীষণ ভাবায় । দুজনের চোখা চুখি অনেক সময় চলে, একটা সময় দুজনেই উঠলো কথা বোলে। আমি বলি আপনাকে যে লাগছে আমার ভালো, আপনি যদি রাজি থাকেন বাসবো তবে ভালো। মোহিনী বলে আমি রাজি যাবেন নাতো ভুলে, আমি বলি ভালোবাসাটা যত্নে রাখুন তুলে আমাদের ভালোবাসাটা সত্যি যদি হয়,
একদিন ঠিক মিলিত হবো নেই পাছে কোনো ভয়।

পঞ্চাশের পঞ্চ কথা

পঞ্চাশটা পেরিয়ে গেলে, চাইবোনা কিছু আর, তখন আমায় বুঝতে হবে, থাকবেনা অধিকার। মুখটা শুধু থাকবো বুজে, আমিযে কুলুর বলদ, কারণ খুঁজে পেলাম আমি, কর্মে ছিল গলদ। যতই আমি কষ্ট করি ব্যাংক ব্যালান্সটা কত? সোনার ডিম না দিতে পারলে, মাথা করে রাখো নত ভালোবাসটা অনেক পেয়েছি, চাইবোনা কিছু আর, পারি যদি দিতে অনেক টাকা, পাবোজে অধিকার। পঞ্চাশটা পেরিয়ে গেলে, আমি যে তখন বোঝা, থাকা আর না থাকাটা, মানতে হবে সোজা । স্বপ্ন কিছু থাকলে পরে, ভাসিয়ে দেবো জলে, যা পাই আর যা পাবোনা, সবকিছু যাবো ভুলে। মনের কষ্ট মনেই রাখবো, বলবোনা কোনো কথা, বুকের কষ্ট বুকেই রাখবো, বুঝবেনা কেউ ব্যাথা।

নীরহারা কোকিল

সরল সাদা কোকি-ল পাখি কণ্ঠ টা যে মধুর, নীর হারিয়ে যখন তখন যাইযে চলে সুদূর বাসা বাঁধতে পারে না যে এটাই অক্ষমতা, সকল পাখি দেখে বলে নেই কোনো ক্ষমতা। নিজেকে বড়ো অসহায় লাগে বুকে আসে কান্না, পিছনে কত উপহাস করে কত যে করে ঘৃণা। কাকের বাসায় ডিমটা পারি পাইনা নিজের বাসা, এই কারণেই কত জনে এসে করে যে হাসি সাহা। বুক চেঁচিয়ে বুক ফাটিয়ে গলা থেকে ঝরে রক্ত, তার পরে যে ডিমথেকে ছানারা করে কত বিরক্ত। কাকের বাসায় ডিম পেরেছিলাম এটাই ছিল ভুল, ছানা দেরকে কাছে না পেলে কাঁদবো না এক চুল কাক এসে ভাবে আমারই ছানা নিয়েযে গেল দূরে, ছানারা তখন মাতৃ হারা গেল যে চলে উড়ে। চিৎকার করে ডাকলে পরে কাছে আসেনা ছানা, নিজের ঘরে যে রাখতে পারিনি ছিলনা সেটা জানা। নিজের ঘরটা বাঁধতে পারিনি ভুল যে ছিল সেটা, বুকের কষ্ট বুকেই রাখবো কপালে ছিল যেটা মানব জীবনও কখনো কখনো কোকিলের হয়, জীবন তখন এতো বিষন্ন যেন বুকটা ফেটে যায় ।

বেলা শেষে

ছোটো ছোটো ভাইবোন রেখে, বাবা গেল মরে, মায়ের বয়সটা অনেক হলো, কাজ করতে না পারে ভাইবোনদের মানুষ করতে, খাচ্ছি আমি হিমশিম, মায়ের দামি ঔষধ কিনতে, হচ্ছে আমার হাড় হীম। নিজের কথা ভাববো কখন, পাচ্ছিনাতো সময়, পিছনে কেউ ভাবার নেই, কে দেবে আমায় অভয়। লেখা পড়া শেখাতে তাদের বয়সটা আমার হলো, লোকে কতকি বলে শুনি, তাতে আমার কি গেল? মা টা হঠাৎ চলে গেল, রইলো না মাথার ছাদ, কত ছেলেরা আমাকে পাবার, পেতে রেখেছে ফাঁদ। ভাইরা সবাই চাকরি পেলো, বোনদের হলো বিয়ে, নিজেকে বড়ো অসহায় লাগে, বয়সটা গিয়েছে বয়ে ভাইবোনেরা যে যার মতো, আছে সবাই সুখে, একবারটি খোঁজ করেনা, আমি আছি কত দুখে যৌবনে যে ভাঁটা পড়েছে, গালে পড়েছে ভাঁজ, ভালো লাগেনা কিছুই আমার, মনেকি আসে সাজ? বেলা শেষে চাইবো কি আর, চাইনা কিছুই আর, ভাবার কথা ভাববোনা আর, জীবন হবেযে ভার। ভাই বোনেরা সুখে থাকুক, তাতেই আমার শান্তি, আমার জীবনে অশ্রু ঝরুক, শুধুই অবিশ্রাতি।

কালবৈশাখী

ঋতুর ধারায় বৈশাখেতে, যে ঝড় মোরা দেখি, মোরা সবাই সেই ঝরকে, বলিযে কালবৈশাখী। হঠাৎ দেখি আকাশ ঘিরে, মেঘ করেছে কালো, তখন যেন মনের ভিতর, লাগছেনা কিছু ভালো। এবার বুঝি ঝড় উঠবে, কালবৈশাখী ঝড়, ঝড়ের সাথে বৃষ্টি দাপট, করছে যে মেঘ কড় কড়। এক নিমিষে ঝড়ের দাপট, করছে লন্ড ভন্ড, প্রকৃতির এ কেমন খেলা, বুঝিনা বাবা কি কান্ড। গাছ ভাঙছে, ঘর ভাঙছে, উড়ছে টালির চাল, ঝড় বৃষ্টি একই সাথে, পেতে দিয়েছে জাল। কত নর নারীর প্রাণ চলে যায়, ঝড় বৃষ্টির দাপটে, ইন্দ্র, বরুন খোঁজ রাখে না, মরছে মোদের ঝাপটে। বৈশাখেতে ঝড় বৃষ্টি মন করে দেয় কালো, তবুও যেন লাগছে ভালো, রবীর গানের আলো। মিষ্টি আমের গন্ধ পেলে, মনটা ভরে রসে, মনের কষ্ট ভুলে গিয়ে, চলবো রসে বসে।

আমি গাঁয়ের মেয়ে

আমি গাঁয়ের মেয়ে বটে। কিন্তু লিখা পড়াটাও বাপটা করানছে বটে। দশ ক্লাসটো পাশ হইনছে বটে। বাপটো চাষ কৈরতো কিন্তু নিজের জমিনটা ছিলোনা বইলে ভাগে অন্যের জমিনটা চাষ কৈরতো। তার লাইগা বেশী টাকাটো রোজগার কৈরতে পাইরত না। তাই অভাবটো লাইগাই থাইকতো বটে। বাপটো হঠাৎ তিন দিনের কালা জ্বরে মারা গেলো। আমার ছোট্ট এক ভাই, এক বোন ছিলা। ওরাও তিন ক্লাস আর পাঁচ ক্লাসে লিখা পড়াটা কৈরছিলো। কিন্তু বাপটো মারা গেলো ইখোন ওদের পড়াটা তো বন্ধ হইবেক। কি কৈরবো ভাবতে লাইগলাম। আমাদের গাঁয়ে একটো ছাইলে শহর টাতে কাজটো কৈরতো। আমি তাকে বৈললাম আমাকে তুই কলকাতাটোতে একটা কাজের জোগাড় কইরে দিতে পারবি। সে বইলে তুই একটো মেয়ে ছিলা বটে, তোকে কি কাজ দিবো বলতো। মেইটা বইলে যা হোক শহরে হস্টেলে থাইকা কাজটো কৈরবো। আর গাঁয়ে টাকাটো দিতে পারলে, ভাই, বোনের লিখা পড়াটা তো আর বন্ধ হইবেক না আর মা টারও চিন্তা টো কম হইবেক। ঠিক আনছে, আমি মালিককে বৈলবো তোর একটো কাজটোর ব্যাবস্থা কৈরতে।

আবার আসবো ফিরে

যদি কষ্ট ছাড়া জীবন পাই আসবো আবার ফিরে, যদি দুঃখের দিনটা দেখতে না থাকবো তবে নীড়ে। যদি সু শিক্ষটা পেয়ে থাকি আসবো আবার ফিরে, যদি সুস্থ সমাজ গড়তে পারি থাকবো তবে ঘরে। যদি গরিব সমাজ না থাকে আসবো ঘুরে ঘুরে, যদি ধনীর নজর গরিব থাকে আসবো বারে বারে। যদি কু দৃষ্টি আর কৃ আচরণ সমাজ থেকে সড়ে যদি সভ্যতা আর সংস্কৃতি রবে প্রতি ঘরে।
যদি সত্যি কথা বলতে পারি ঘুরবো দ্বারে দ্বারে, যদি মিথ্যাবাদী ধ্বংস হয় সত্যি আসবে ফিরে। যদি ন্যায় অন্যায়ের বিচার হয় বিচার পাবো নীড়ে, যদি আসল নকল বুঝতে পারি রবো নিজ নীড়ে। যদি ভালোবাসর মূল্য জোটে বাসবো তবে ভালো, যদি ভালোবাসা পিছন হাঁটে হৃদয় হবে কালো । যদি সম্মানের সন্মান পাই আসবো বারে বারে, যদি সব স্বপ্ন ভুল দেখে থাকি জন্মিবনা কোন ঘরে। যদি স্বপ্ন গুলি সত্যি হয় চলবো সবার সাথে, যদি বেনিয়মের নিয়ম গুলি চলে নিয়ম করে, যদি সস্থ শিশুর জন্ম হয় মায়ের বুকটা ভরে। যদি সব কিছু নতুন হয় আসবো আবার ফিরে, যদি সব সত্যি মিথ্যে হয় আসবোনা আর ফিরে।

খর কুটো

অনেক কষ্টে সন্তানদের বাঁচিয়ে ছিলাম আমি, যেমন করে খর কুটোকে আগলে রাখি জানি ! নিজের আশা, সুখ গুলিকে বেঁধে রাখার কষ্ট, ছোট্টো আমার খোকা খুঁকি, ওরাইতো খর কুটো। জীবনেরই চাওয়া -পাওয়া সব রেখেছি দরে, সুখের ছায়া আসতে গেলেও, পিছিয়ে গেছি সরে। ওরাই আমার জীবন সাথী, ওরাই আমার সুখ, ওরা যেন কখনো, পায়না একটু দুখ। বড়ো হলে বিয়ে দিলাম, হয় যেন তারা সুখী, আমি যতই কষ্ট পাই, হই না মনে দুঃখী।
অবশেষে চলার পথ, যখন হলো স্তব্দ চেষ্টা করে ডাকলে পড়ে, পাইনা তাঁদের শব্দ। ভেবে ছিলাম শেষ জীবনে ওরাই যে খরকুটো, এখন সবই বুঝতে পারি, অন্তিম যাত্রাই শ্রেষ্ট।

আঁচল

আমি ভারত মাতা,আমার আঁচল ভারত ভূমিতে আমি বিছিয়ে দিয়েছি। কত দেশপ্রেমী, কত জ্ঞানী গুণী জন আমার আঁচলে স্থান পেয়েছে। আমার মুক্তির জন্য কত বালক, কত নরনারী প্ৰাণ বলিদান দিয়েছে তার হিসেব নেই। আমার আঁচলে থেকে যাঁরা প্রাণ বলিদান দিয়েছে আমার মুক্তির জন্য, তাঁদের জন্য আমি গর্বিত, তাঁদের জন্য আজও আমার অশ্রু ঝড়ে। কিন্তু আমার আঁচলের নিচে থেকে যাঁরা আমাকে অবমাননা করে তাঁদের আমি সহ্য করতে পারিনা। আমার পতাকার যদি কেও অবমাননা করে আমার তখন অশ্রু ঝড়ে। দুস্ট, অসৎ, অত্যাচারী, ব্যভিচারি মানুষকে আমার আঁচলের নিচে ঠাই দিতে কষ্ঠা লাগে। তাই আমার এই ভারত ভূমিতে বিছিয়ে দেওয়া আমার আঁচলে ভালো, সৎ, দেশপ্রেমী মানুষের জন্য আমার আঁচল সর্বত্র বিছানো থাকবে। জয় হিন্দ, বন্দেমাতরম
ভারত মাতাকি জয়!

খাঁচা ভাঙা পাখি

খাঁচার ভিতর পাখি বলে, কেনো করেছো বন্দি? মনের ভিতর ভেবে রেখেছো কি সেই ফন্দি। জানোনা আমার কষ্ট হয়, উড়তে পারি নাজে, একটুকুজে ভালো লাগেনা, লোকটা তুমি বাজে। দাওনা একটু খুলে খাঁচা, উড়ে চলে যাই, তোমার কাছে আসবো আবার, বলি শোনো ভাই! ছট ফটিয়ে মরছি আমি, কেউ শোনেনা কথা, মানুষ যদি বন্দি হতো, বুঝতো তখন ব্যথা কবে আমি মুক্তি পাবো, ভাঙবে কবে খাঁচা, সইতে যে আর পারিনাজে, বৃথাই জীবন বাঁচা । একদিন এক ছোট্টো খোকার হয়জে দেখে কষ্ট, বলে সে যে লোক বন্দি করেছে, সে যে ভারি দুস্ট। ভেঙে দেবো তোমার খাঁচা, যাবে যেদিন উড়ে, আমায় আবার পড়বে মনে, যাবেনাতো দূরে? পাখি বলে ভাঙা খাঁচা, ভাঙা হৃদয় যাবে যেদিন উড়ে সেদিন ধরতে পারবে না কেউ, সবাইযাবে সরে।

লজ্জা

লজ্জা বলে কোন কিছু, আর নেইতো আজ, ধর্ষকদের ধর্ষণ ছাড়া, নেই কি কোন কাজ? তিন বছরের শিশু থেকে, ষাট বছরের বৃদ্ধা, বয়সটা কোন ব্যাপারই নয়, নেই যে কোন দ্বিধা আড্ডা বাজি যেখানে, সেখানে, বসছে একটা ঠেক, ধর্ষণের ইচ্ছে হলেই, ধরছে একটা ভেক ধর্ষণ যারা করে চলেছে, আছে কি তাদের লজ্জা, যে ভাবেই হোক শাস্তির এক, পেতে বসেছি শয্যা হয়না তাদের ন্যায্য বিচার, নেই যে কোনো ভয়, ধর্ষণের শুনলে কথা, আমাদের হয় সংশয়। নিষ্ঠুর এই কর্মগুলি, কবে হবে শেষ, সমাজ থেকে শীলতা হানি, কমলে হবে বেশ।

আমি ঝোড়ো হাওয়া

আমি কখনো বা অতি শান্ত, আবার কখনো বা অতি রাগান্বিত। আমি, অতি গরমে মানুষ যখন হাঁসফাস করে, তখন আমার হালকা হিমেল ঝোড়ো হাওয়াতে মানুষ স্বস্তির নিঃস্বাস ফেলে। কিন্তু না! আবার যখন অগভীর সমুদ্রে দীর্ঘ নিম্নচাপের সৃষ্টি হয়, তখন আমি আর শান্ত থাকতে পারিনা। আমাকে সমুদ্র শান্ত থাকতে দেয় না। আমি তখন রুদ্র মূর্তি ধারণ করতে বাধ্য হই। আমি তখন প্রচন্ড গতিতে আমার ঝোড়ো হাওয়া প্রবাহিত করি। এই ঝড়ে তখন সব জনজীবন বিচ্ছিন্ন করে ফেলি। বাড়ি, ঘর, গাছপালা ভেঙে তছনছ করে ফেলি। কত মানুষ হয়ে পড়ে গৃহহীন, কত মানুষের মৃত্যু মিছিল নীরবে আমাকে সহ্য করতে হয়। কালবৈশাখী ঝড়েও আমি সবকিছু নিঃশেষ করে দিতে পারি। আমি মন থেকে না চাইলেও এগুলি আমাকে করতেই হবে। আমিযে অনাবিল সৃষ্টি, আমিযে এই পার্থিব প্রকৃতিরই দান। তাই মানুষের অগ্নিগর্ভ গরমে যেমন আমার ঝোড়ো হাওয়াতে শান্ত করতে পারি, আবার সমুদ্রের ফোঁস ফোসনিতে সব কিছু এলো মেলো করে দিতেও আমার জুড়ি মেলা ভার। আমাকে যেমন মন চাইলে কেউ সৃষ্টি করতে পারবেনা, আবার আমাকে ধমকে শান্ত করার ক্ষমতাও কারোর নেই ।

আজি এ বসন্তে

আজি এ বসন্তে রাঙাবো আমি, আমার অঙ্গ খানি, লাল, হলুদ আর সবুজ রঙে, রাঙাবো মুখো খানি। আনন্দটা মেখে নেবো, সবাই যে ভাগ করে, প্রাণ ভরা সব ভালোবাসা, দেবো উজাড় করে। আছে যত ব্যাথা,রাঙিয়ে তুলবো ঐ আবিরের রঙে, আছে যতরূপ আছে যতরঙ রাঙিবো আমার অঙ্গে পলাশের রঙের শাড়ি পরিবো,ঝুমকো কানের দুল, খোঁপায় বাঁধিব জুঁইয়ের মালা, কণ্ঠে বেলি ফুল। ফাগুন হাওয়ায় অঙ্গ দুলিবে, চিত্ত হইবে ব্যাকুল,

মনের মানুষ কাছে আসিলে, হৃদয় করিব আকুল। বৃন্দাবনে কত গোপীগনে, খেলিবে কানু সনে, কানু যে কত হোলি খেলিবে তাঁহার সখী গনে। রঙিয়া যাইবে কত যে রঙে, বৃন্দাবনের কুঞ্জ,

কত গান কত কীর্তনে, ভজিবে কতো ভঞ্জ।

উন্মুক্ত

ভগ্ন চিত্ত, ভগ্ন হৃদয়ের, অনেক একেছি ছবি, তবেকি এবার খুলিয়া যাইবে উন্মুক্তর চাবি । অনেক দেখিয়েছি, শুনিয়াছি, পরিবোনাজে আর, এবার পাইয়াছি উন্মুক্ততার, বাঁচিবার অধিকার। নাজানি কত বেদনা,কত যন্ত্রনা পাইয়াছি কতবার, ভূমিতে কত মাথা ঠুকিয়েছি, চাইবার প্রতিকার কত রাত গেছে অনিদ্রাতে, চোখের জলে ভেসে, কত মানুষের কত উপহাস, কতজন গেছে হেসে। থাকতো যদি পাখির ডানা, যেতাম চলে উড়ে, হাতের নাগাল কেউ পেতোনা, যেতাম চলে দূরে। পায়ে শিকল বেঁধে ছিলো, হৃদয় ছিলো বাঁধা, আজকে বোধয় শিকল ছিঁড়ে, উন্মুক্ততার কাঁদা। আজকে আমি উড়ন্ত বিহঙ্গ, শুনবোনা কোন বাঁধা, আজকে আমি উন্মোক্ত, নেই পিছনে কাঁদা

আবার বসন্ত

এখন আর পূর্বের মতো শীতের ছোয়া আমাদের অনুভূতি হয় না।সেই কনকনে হিমেল ঠান্ডা হাওয়াতে এক জায়গায় গুটি শুটি বসে থাকা, প্যান্টের পকেট থেকে যেন হাত দুটি বাহির করিতে অনিচ্ছুক। পারিলে উনানের পাশে বসিয়া হস্ত তপ্ত করিবার প্রচেষ্টা। বর্তমানে সেই ঠান্ডার প্রকোপ বিষ বছর আগে চলিয়া গিয়াছে। এই এবারের কথাই যদি বলি, কোথা দিয়া ঠান্ডা আসিলো আবার মনে হয় কোথা দিয়া একপ্রকার চলিয়াই গেল, বলাই বাহুল্য। তবে আবার বসন্তকাল যে খুব একটা দূরে আছে, এটা কিন্তু বলা যায় না। শীতের অগোচরে কখন যেন হঠাৎ আবার বসন্ত ঢুকিয়া পরিবে। হ্যা তবে এটা ঠিক বসন্ত কালকে আমরা সবাই সাদরে গ্রহণ করি। কেননা সব ঋতুর মধ্যে বসন্তকেই আমরা বেশি প্রাধান্য দিয়ে থাকি। হালকা হিমেল হাওয়া, গাছের পত্র খোশিয়া পড়া আর হালকা রৌদ্রের উষ্ণতা জীবনের ফেলে আশা দিনগুলিকে যেন পুনরায় ভাবিয়া তোলে। রাস্তা দিয়া হাঁটিবার সময় বকুল ফুলের গন্ধ আর দুএকটি টুপ্ করিয়া মাথায় পরিল, এজেনো হৃদয়কে নতুন ভাবে কিছু ভাবায়, নতুন কিছু স্বপ্ন দেখায়। তাই বসন্তকে আমার সু স্বাগতম জানাই।

ভাই ফোঁটা

একটি ছিলো দামাল ছেলে, মনটা ছিলো সরল, দুষ্ট লোকের দুষ্টামিতে, কতোই ছিলো গরল। ভালোবাসার কাঙাল ছিলো, মনটা ছিলো সাদা, কেউ একটু বাসলে ভালো, হৃদয় হতো কাদা ভাইফোটাটা আসলে পড়ে, মনে হতো খুশি, দুটি দিদির ফোটা নেবো, আমি কত খুশি। পুরোনো সেই দিনের কথা আজও পড়ে মনে, একটি বারে দেয়নি ফোটা, ছিলাম ঘরের কোনে। একটা দিদির নেবোনা ফোটা মনে ভীষণ কষ্ট, আর দিদি আসেনি বলে, ভাই ফোটাটা নষ্ট। বিছানায় শুয়ে কেঁদে ছিলাম, দেবোনাযে ফোটা, না পাই যদি দুটোই দিদি, দেবইনা ফোটা। দশটি বছর দেয়না ফোটা, ভাইফোটাতে কাঁদি, নিজের না হোক পাতানো বোন ফোটা দিতো যদি। তাইতো বলি ভাই বোনেদের ভুল করোনা যেন, ভাইফোটাটা এলেপড়ে দিনটা সবাই মেনো আমার মতো দুখঃ যেন পায় না কোনো ভাই, ভালো থেকো, সুখে থেকো, এবার তবে যাই!

বিজয়া

আমার খুকু ভারি দুষ্টু, শোনেনা কারোর কথা
বকলে পরে কান্না জোরে, মুখটা তখন বোবা।
লেখা পড়ায় বড্ডো ভালো, অল্প কথা বলে, বকলে পরে চুপটি করে, বসে আমার কোলে।
বি, এ, পাশ যে করেছে, দিতে হবে বিয়ে,
কোথায় ভালো পাত্র পাবো, খুজি তবে গিয়ে ভালো একটি পাত্র পেলাম,ভালো চাকরি করে। ছোট্টো ফ্যামিলি পেয়ে গেলাম, বাড়ি একটু দূরে। ধুমধাম করে বিয়ে দিলাম, মেয়ে শ্বশুর বাড়ি, বুড়ো, বুড়ি দুজনে, থাকছি শুধু বাড়ি।
ফোন করলে বিজয়া মা, বড়োই আছি সুখে, আমি নেই বলে তুমি, বাবা একটু আছো দুঃখে। শ্বশুর বাড়ি কষ্ট দেয়, ননদ, শ্বাশুড়ি অশান্তিটা করছে অনেক, বড্ডো বাড়াবাড়ি। চুপটি করে থাকে মেয়ে, কিছুই বলে না, একদিন বিজয়া দশমীতে, গলায় দিলো সে ফাঁস, শুনে বাবা, মার হৃদয় কাঁদে, করছে হাস ফাঁস । বিজয়া দশমীতে মা দূর্গা, হলো বিসর্জন, আমার বিজয়া একই সাথে হলো বিসর্জন ।

www.ingramcontent.com/pod-product-compliance
Lightning Source LLC
La Vergne TN
LVHW050812051026
849532LV00008B/2976
* 9 7 9 8 2 3 1 3 9 0 5 5 7 *